Publications mensuelles de l'IDÉE LIBRE. (Février 1927) Nº 98

Laurent TAILHADE

LA PAQUE SOCIALISTE

50 Centimes

EDITIONS DE " L'IDÉE LIBRE "
CONFLANS-HONORINE (SEINE ET OISE)
1927

LA PAQUE SOCIALISTE
d'Emile VEYRIN

> *Plutôt faim de pain que soif de sang*
> SHAKESPEARE (*Jules César*)
> *Pollio et incipient magni procedere menses!*
> VIRGILE.

La caractéristique du monde contemporain, de la société bourgeoise, capitaliste et bien pensante, c'est la haine du pauvre, l'exécration de l'indigent.

Avec la soudaineté d'une peste et l'acharnement d'un tic, cette horreur de la misère se manifeste dans les actes les plus infimes, dans le moindre geste des civilisés. Par la doctrine de ses chats-fourrés, par l'inclémence de ses juges, par la férocité de ses argousins, le tiers-Etat, propriétairo et financier, apprend au malheureux qui s'obstine dans le dessein de vivre quel crime c'est d'exister lorsqu'on n'a pas d'argent.

Leur excommunication de la pauvreté ne recule pas devant les conséquences les plus extrêmes.

— 4 —

Les satisfaits, les repus ont un dégoût si impérieux des
faméliques, un tel effroi des impécunieux, qu'ils en ont
inventé la philanthropie, l'économie politique, les asiles
de nuit, les crèches, les bureaux de bienfaisance, tous les
ergastules et les léproseries où, moyennant une prébende
infamante et dérisoire, un morceau de pain assaisonné
d'avanies, le mendiant subit les atrocités multiformes du
prêtre, du doctrinaire et du rond-de-cuir.

Charités confessionnelles, aumônes laïques, munifi-
cences privées, tous les bienfaits du riche égoïste se valent.
Que la sportule soit délivrée sur un billet de confession,
sur une carte d'électeur ou sur des abaissements d'esclave,
elle n'est qu'un leurre, un engin usuraire, un instrument
de règne, la mise en œuvre de l'exploitation du déshérité
par les heureux.

Et ce n'est pas la forme la moins plaisante de ce duel
inégal que les avantages prélevés sur l'infortune par toutes
sortes d'hommes de lettres : chroniqueurs, poètes, drama-
turges, sans compter les vaudevillistes innombrables qui,
à l'exemple de Jehan Rictus, écrèment leur dîner dans le
ruisseau argotique et, des haillons larronnés en la cour des
Miracles, se font une redingote à la mesure de leurs rêves:
doublée de soie et ridicule énormément. Emile Veyrin,
dont vous allez ouïr, tantôt, la *Pâque socialiste*, n'est point
de ces mangeurs impitoyables et lacrymatoires. S'il touche
aux douleurs des faméliques, c'est pour leur offrir le baume
d'une compassion intelligente, virile et désintéressée,

pour montrer à leur espérance l'aube de jours meilleurs et de cieux plus cléments.

Le bien et le mal existent pour lui. S'il ne se hausse guère à la compréhension hégélienne du seul Devenir, du Néant où, pour un jour, s'installent, comme de vains décors, nos passions et nos rêves, du moins, son généreux amour envers ceux que Dostoïewsky nomme les *Humiliés* et *Offensés*, la noble croyance en la bonté des hommes, prête à son ouvrage un charme incontestable de candeur généreuse, d'apitoiement et de bonté.

⁘

Qu'est-ce donc cette *Pâque socialiste*, dont le titre est formé de deux vocables qui devraient, semble-t-il, comme dit Jean-Baptiste, « *hurler d'effroi de se voir accouplés?* » Pourquoi la Pâque, la Pâque, cérémonie lithurgique et idéaliste, aussi vieille que l'humanité, fournit-elle ses rites aux agapes matérielles du socialisme — communiant, d'un pain uniforme, les appétits attablés?

N'est-ce pas de l'auteur un anachronisme enfantin, que suspendre telle enseigne au frontispice d'un drame à tendances ultramodernes, dont le but principal est de donner aux spectateurs assemblés de graves enseignements, de hautes et sérieuses leçons?

Ne vous y trompez pas : c'est justement à cause de la modernité profonde, essentielle, de son ouvrage, que M. Veyrin a bien fait de le rattacher aux confarréations antiques où, sous le couvert des Mystères, l'homme des jours anciens rompait avec ses égaux le pain de la fraternité, leur distribuait le vin des énergies sociales.

Dans toutes les religions, sous tous les climats, dans tous les lieux où se posa la tente précaire des tribus errantes, où s'élevèrent les architectures cyclopéennes des villes ancestrales, le rite essentiel du repas en commun apparaît en même temps que le culte des morts et se combine avec lui. Dès que les bornes de la cité, les limites redoutables sont posées, un autel s'élève dans le *pomœriun* où cuit le repas sacré partagé entre les vivants et les mânes des aïeux.

C'est l'universelle eucharistie, dont l'hostie, alternativement effective ou symbolique, infuse à chacun des participants quelque chose de sa vertu.

Tantôt c'est l'anthropophagie rituelle si exactement décrite par André Lefèvre, dans son beau livre des *Religions*. En ce cas, l'homme s'approprie les mérites du sacrifié : ennemi, parent ou victime propitiatoire. La force du chef indien revit dans le guerrier qui l'a scalpé ; le sang des vierges ou des enfants calme la soif dévoratrice de Moloch, et, déchaînant les souffles propices, la mort d'Iphigénie guide vers Ilios les trirèmes achéennes.

Tantôt, c'est la théophagie. Le fidèle absorbe le divin qui se résorbe en lui. A l'individu, l'Univers se donne sous les formes les plus variées : sôma de l'Indou, hôma du Perse, farine parfumée de menthe aux offices éleusiniens de Dyonisos et de Demeter.

Plus le prêtre se livre à la théotysie, plus il croît en mérite ; si bien que les officiants de Zoroastre, selon James Darmesteter, se montraient gris la plupart du temps, le jus de l'acclépias acide ayant (même bénit) les inconvénients du vin de Suresnes ou d'Argenteuil.

II

Quels sont, à présent, les convives que M. Emile Veyrin fait participer à la Cène d'indépendance et de miséricorde?

Où prend-il les socialistes agissants qui, debout sous la lumière nouvelle, entonneront l'hymne du pardon final? Dans quel décor fera-t-il proférer l'absoute humanitaire, ce mot des Albigeois que, du haut de son bûcher, Jean Huss léguait au monde comme un testament suprême d'espérance, de bonheur et de liberté ; ce mot dont tous nos martyrs, ceux de Chicago, ceux de Monjuitch, ceux de Paris saluaient la lumière à venir et que le sublime Angiolilo pressentait dans les chansons de Germinal: *La coupe au peuple!*

Ce sera dans une usine, terrain du combat économique, de la lutte quotidienne et sans merci entre les patrons et les salariés. Pour annoncer la bonne parole, cet évangile de douceur auquel il semble croire, Veyrin ne choisira pas des savants ou des prophètes. « *Dii majorum gentium* » ; un Saint Simon, par exemple, esprit absolu et utopiste, prophète initiateur, qui, de son impérieux ancêtre, ami de Fénelon et du « parti des saints », tenait une âme autoritaire autant que mystique, faisant de la science une religion, rêvant de concilier l'esprit et la matière et présidant à la réhabilitation de la chair. M. Fourier, une sorte de Platon confus et bègue, poète à sa manière, annonciateur de l'harmonie future, consacrant de verbeux dithyrambes à légitimer les passions.

M. Auguste Comte, admirable organisateur dont le génie — ordre et raison — inventa la hiérarchie des sciences, promulguant cette vérité que *toutes les sciences, dans leur ensemble, forment un art :* L'Art social.

Bien au-dessous de ces Olympiens, nous, comme des Cyclopes infirmes et robustes, nous martelons un dur métal, en nos laboratoires. Voilà pourquoi Veyrin a localisé sa pièce dans la question ouvrière, instauré dans une fabrique son socialisme doux, qui ne va guère au-delà des bénéfices en participation.

Trois protagonistes occupent, à eux seuls, le *drame* de Veyrin. Ce sont, pour ainsi dire, des entités *philosophiques* : le Bon Patron, le Mauvais Patron et l'Egérie *consolatrice* du Juste méconnu.

Gilbert Lemonnier, une sorte de Grégoire Werlé, moins scrupuleux et névropathe que le héros d'Ibsen, se ruine pour assurer du travail à ses ouvriers, pendant une longue crise, et partager sa fortune à Micheline Mermet, fille naturelle de son père défunt. Ironie des choses ! Rousselot, le fabricant impitoyable, chrétien féroce et candidat obséquieux, à cheval sur le code et reluisant aux fins de mois, précipite dans l'abîme cette famille, exemplaire de toutes les vertus.

Mais, par un bienfaisant retour, les ouvriers sauveront la gloire du patron aimé. Grâce au capital, généreusement abandonné par Micheline, ils reprendront, à leur compte, les œuvres de leur prédécesseur. Celui-ci, accusé par ses ennemis de banqueroute frauduleuse, ne quittera la prison infamante que pour manifester sa louange et tomber mourant au pied de la statue élevée en son honneur par la gratitude publique. M. Veyrin a très justement élagué cette fin optimiste. Il ne faut pas que les éclaireurs de l'Humanité soient récompensés de leur vivant. Outre que l'effort — devant un succès temporel — perdrait de sa beauté, l'envie préserve soigneusement d'auréole quiconque est suspect de dominer sur le commun. Lorsque Firdouzi reçoit l'or de Mahmoud, son convoi funèbre est déjà formé.

Il convient de se résigner au plan du monde, à la passion du Juste, sans apothéose ni résurrection. Les dieux obscènes et tragiques de l'Orient : Tammouz, Adonis. Zagreus, — les autres — meurent le vendredi pour renaître le dimanche. La semaine sainte des Bacchantes s'achève dans un transport d'allégresse luxurieuse qui, sur le Tmolos aigu, fait bondir comme un troupeau de louves en amour le thyase déchaîné.

Il n'en est pas ainsi dans notre Occident travailleur et sobre.

Le Caucase de Prométhée ou le bûcher d'Hercule : douleurs injustes, affronts immérités, et le lâche aboiement de la foule servile, que les bienfaiteurs du monde n'espèrent pas d'autre loyer. « *O justice, ô ma mère*, proclame le Titan rivé à son rocher, *c'est pour avoir aimé les Ephémères que je souffre ainsi !* »

Toujours ingrats et plus ineptes encore, les hommes lapideront qui les sert et les dirige. Prophète, justicier, voyant, sont à jamais le scandale et l'exécration de l'Univers.

Plus tard, quand les os du martyr se résoudront en poussière, quand la nuit sera faite sur quiconque l'aima, son nom deviendra le flambeau de l'hégire humaine, et les races, pieusement, se passeront, de main en main, la torche de Prométhée.

III

Le socialisme débonnaire de M. Veyrin promet aux générations futures des ruisseaux de lait et de miel, un Eldorado fleuri d'actions vertueuses et de paroles bienveillantes ; mais ne voyez là qu'un rêve de poète, le jeu d'esprit d'une âme tendre, encline aux suaves utopies.

En réalité, l'avènement des socialistes serait la tyrannie la plus abominable qui ait jamais, au profit de l'espèce, martyrisé l'individu. La quantité de despotisme contenu dans les divers systèmes préconisés par les maîtres du socialisme tant français qu'étrangers, dépasse de beaucoup ce qu'osèrent les despotes les plus noirs. « Toute protection, — dit Clémence Royer — est une oppression ». Parole qui, des lointains de l'histoire jusqu'à la minute présente, se réalise, d'âge en âge, avec la précision d'un phénomène cosmique. Platon, le premier des socialistes, ennemi des institutions libres d'Athènes, chéri des plus ignobles tyrans de Sicile, propose le régime des *castes*, la censure littéraire et philosophique. Thomas Morus, le bon apôtre, l'évêque de l'*Utopie*, commence par persécuter les hérétiques. Campanella, inspirateur de Richelieu, fondateur des Jacobins de Paris, donne, pour couronnement à sa *Cité du Soleil*, le Club de Robespierre, tant sont pareilles la mentalité des Jacobins et celles des Dominicains ! Fourier s'adresse à Bonaparte pour appliquer son système. Auguste Comte approuve le coup d'Etat du Deux-Décembre, flagorne l'empereur de Russie, Nicolas, comme ferait un simple amiral de notre belle France. Il écrit au général des Jésuites pour le prier de propager ses doctrines.

Si telle fut la vésanie de ces grands hommes, quelle n'est pas l'aberration des épigones qui concilient la philanthropique veulerie des bourgeois avec l'intolérance régimentaire de l'ouvrier ? — « *Jésus*, dit Ernest Renan, qui avait ses heures de badauderie et de snobisme, *Jésus, comme toutes les personnes distinguées* (!) *aimait le peuple.* » Ce fut une erreur, sans doute, car il ne faut pas aimer le peuple en tant que plèbe ; il faut l'instruire, l'affranchir, le promouvoir à cette aristocratie que confère une existence libre et suffisante, lui rendre le jeu harmonique des instincts et des facultés. « Il ne s'agit point de s'emparer de l'Etat pour réformer la société, mais bien de réformer la société pour détruire l'Etat ». Ces mots de Proudhon condensent pleinement la doctrine anarchiste. Ils résument la loi de ces esprits logiques et indépendants, qui ne s'arrêtent pas à mi-chemin sur la voie des réformes, et qui savent que, pour ensemencer les champs de l'avenir, il les faut purger d'abord des antiques décombres, de l'infâme platras autoritaire : famille, nation, dogmes et propriété.

Le mal social ne relève plus que du chirurgien. Depuis longtemps, la médecine est impuissante, et les onguents collectivistes aussi décriés que l'orviétan parlementaire. Le riche, inaccessible à la pitié, n'a de larmes que pour les douleurs théâtrales, abjectes ou convenues. Toute réconciliation est impossible avec le bourgeois, toute greffe inutile, sur ce rameau carié de l'arbre humain.

D'ailleurs, le socialisme, comparable à un masque de théâtre, à ces oripeaux de louage qu'assument, en frairie, les courtauds de boutique, prêta sa cucule et son faux nez à tous les ambitieux. Le second Bonaparte, avant de devenir Napoléon le Petit, écrivait des brochures sur l'extinction du paupérisme, s'intéressant aux ouvriers à peu près au même titre que les escrocs des Cercles catholiques ou de l'Usine Notre-Dame. Socialiste, le comte de Mun, ce Joseph de Maistre de chambrée ; socialiste, M. Harmel, bedeau patenté de la réaction cléricale ; socialiste, Rochefort, le clown rhumatisant, et Barrès, le griset, et Drumont l'assassin en chambre, toutes gens qui aiment le pauvre à la façon dont les peuplades cannibales aiment leurs prisonniers.

IV

Accablé d'ans, chargé de sciences inutiles, saturé de rancunes et d'amertumes, quand le docteur Faust eut compris l'inanité de la métaphysique et de la religion ; quand le bonnet d'âne du théologien se fit lourd à sa tête chenue, pour déserter le laboratoire poussiéreux et les in-folios moisis et les squelettes ricaneurs, toute grande il poussa la verrière de sa bauge et, par une aube d'avril, regarda le chemin où passait Marguerite. Et voici qu'en tous lieux, dans les campaniles romans et les tours gothiques, les cloches resurgentes se mirent à chanter pour l'*Alleluia* de Pâques, pour la vigile du printemps. Le ciel était bleu, verte la terre. Une allégresse montait des troènes en fleurs, un désir incoercible de vivre et d'espérer. Alors, tremblant de joie, le vieux Faust évoqua Satan, maître de la raison et de la volupté. La Dame du Vénusberg et l'Archer flamboyant de Delphes, quittant les demeures souterraines, vinrent à son appel. Dans un flot de jeunesse, d'orgueil et de baisers, ils purifièrent le vieil homme racheté pour jamais de la honte chrétienne et de la nuit médiévale. Faustus, brisant le dogme aux chaînes infamantes, retrouva sa conscience et reconnut les Dieux. Devant la table offerte, il goûta les fruits délectables de la vie, prémices d'un nouvel amour et d'un second avril.

⁂

Comme lui, depuis vingt siècles, le peuple s'anémie dans les ténèbres, dans la gehenne sacerdotale, dans les prisons civiles ; depuis vingt siècles, Jacques Bonhomme tend l'échine aux plus monstrueux équarrisseurs. Docteurs, soldats, riches hypocrites et puissants éhontés se disputent à qui mieux mieux le plus vivant de son âme, le plus robuste de sa chair. Le prêtre doucereux croise le glaive spirituel avec la baïonnette prétorienne, et tout ce déploiement d'horreurs ne vise qu'à protéger le coffre-fort. La pieuvre capitaliste, la louve cléricale, jamais rassasiées, rôdent, toujours en quête d'argent et de domination. Reines par l'école et par la force brutale, maîtresses de toutes les prostitutions, depuis la caserne jusqu'au lupanar, en passant par l'école congréganiste, elles imposent au malheureux les habitudes de hontes, les cloaques de servitude, les livrées de misère, de la robe en satin de la pierreuse à la casaque rouge du soldat. Car elles veulent de l'or, se gorgent, en redemandant encore et vont cherchant partout leur proie, jusque dans les entrailles pantelantes du genre humain. Cependant la captivité touche à son terme et le carême va finir. Que les hommes se lèvent, qu'ils frappent, sans colère ni pitié ; les dieux sournois, les maîtres implacables, traînant aux gémonies l'étendard des nations et le labarum des cultes. Les cloches printanières sonneront devant eux, non pour une fête liturgique, non pour la gloire des superstitions abolies. Mais, de clochers en clochers, s'éveillera l'*O filii* des Cités libres, des races fortes et sans dieux, proclamant aux carrefours du monde un Avril éternel, cette Pâque bienheureuse des hommes justes et réconciliés, ce banquet de l'Indépendance et de la Joie.

Laurent Tailhade.

(*Conférence faite au Nouveau-Théâtre, le 15 avril 1899*).

Imp. de l'*Idée Libre*, Conflans-Honorine (S.-et-O.)

L'imprimeur-gérant : Frédéric Lecomte